Toni Große-Beck

Mobbing am Arbeitsplatz, insbesondere bei der Polizei

Wie wird gemobbt und welche Maßnahmen werden gegen Mobbing getroffen?

GRIN Verlag

Bibliografische Information der Deutschen Nationalbibliothek:

Die Deutsche Bibliothek verzeichnet diese Publikation in der Deutschen National-bibliografie; detaillierte bibliografische Daten sind im Internet über http://dnb.d-nb.de/ abrufbar.

Impressum:

Copyright © 2013 GRIN Verlag GmbH
Druck und Bindung: Books on Demand GmbH, Norderstedt Germany
ISBN: 978-3-656-58030-0

Dieses Buch bei GRIN:

http://www.grin.com/de/e-book/266080/mobbing-am-arbeitsplatz-insbesondere-bei-der-polizei

GRIN - Your knowledge has value

Der GRIN Verlag publiziert seit 1998 wissenschaftliche Arbeiten von Studenten, Hochschullehrern und anderen Akademikern als eBook und gedrucktes Buch. Die Verlagswebsite www.grin.com ist die ideale Plattform zur Veröffentlichung von Hausarbeiten, Abschlussarbeiten, wissenschaftlichen Aufsätzen, Dissertationen und Fachbüchern.

Besuchen Sie uns im Internet:

http://www.grin.com/

http://www.facebook.com/grincom

http://www.twitter.com/grin_com

Fachhochschule für öffentliche Verwaltung NRW

Abteilung Gelsenkirchen

Studienabschnitt: FM 3

Fach bzw. Modul: Soziologie

Mobbing am Arbeitsplatz insbesondere bei der Polizei:

Wie wird gemobbt und welche Maßnahmen werden seitens der Polizei gegen Mobbing getroffen

Toni Große-Beck

Einstellungsjahrgang: 2011

Abgabedatum: 14.06.2013

Inhaltsverzeichnis

1.   Einleitung

„Ich war 36 Jahre lang bei der Polizei in Karlsruhe, etwa 20 Jahre davon bei der Kripo im Bereich Bandenkriminalität, tätig.

Mein Hauptproblem war wohl, ich vertrat meine Meinung immer sehr deutlich, insbesondere Vorgesetzten gegenüber. Heute weiß ich, ich wurde eigentlich schon sehr lange gemobbt, nur dass ich es da noch nicht als Mobbing erkannte. Ich hielt die ständigen Auseinandersetzungen mit Vorgesetzten für normal und sah darin auch den Grund, bei Beförderungen meist benachteiligt worden zu sein.

Wichtig für mich war, meinen Beruf optimal auszuführen und Arbeit und Erfolge konnten, so meinte ich damals, nicht ständig ignoriert werden. Privat ging Vieles in die Brüche, denn ich war ja nur selten oder eigentlich fast nie zuhause. Ich liebte und lebte diesen Job, mehr als alles andere.

Ab den Neunzigern begann bei der Polizei eine „Zweiklassengesellschaft" im gehobenen Dienst, mit dem erleichterten Einstieg älterer erfahrener Beamter. Von da an waren wir „alten Simpel" nicht mehr die kompetenten Anlaufstationen für die „Jungen" sondern in vielen Bundesländern Konkurrenten in Sachen Beförderung. Ich wurde mehr und mehr mit Aufgaben betraut, die meinem bisherigen Aufgabenbereich -und ich will auch sagen Fähigkeiten- nicht gerecht wurden. In 2005 machte man mir eine monatelange Arbeit, für die ich teilweise Tag und Nacht gearbeitet hatte, einmal sogar 7 Tage und Nächte in einem Stück, regelrecht kaputt.

Jetzt geschah etwas, was ich nie für möglich gehalten hätte, ich brach psychisch total ein. Sie hatten mich geschafft.

Kurz gesagt, ich fing an mehr und mehr zu saufen, ich konnte nachts nicht mehr schlafen und wurde fast verrückt. Im August oder September 2005 war es, da war ich so weit, dass ich zuhause vor meiner Dienstwaffe saß und Schluss machen wollte. All die vielen Jahre, die vielen tage- und nächtelangen Arbeiten und die vielen Erfolge im Dienst sollten nichts mehr zählen? Das Privatleben misslang auch immer mehr.

Der Gedanke an meine Familie brachte mich zum Glück von dem Vorhaben ab."[1]

---

[1] Artikel der Zeitschrift „Kiss" der Selbsthilfegruppe „Hilf Dir selbst" ,Septemberausgabe 2010.

Dies ist ein Interview für die Zeitschrift „Kiss" der Selbsthilfegruppe „Hilf Dir selbst" für die Septemberausgabe 2010 und zeigt die Erfahrung mit Mobbing von Jürgen Lanuschny.

Zwar ist Mobbing heutzutage in aller Munde, jedoch ist es grade auf Seite der Polizei ein Tabu-Thema.

Grade in diesem Beruf, wo Team-Work das größte Gut ist und selbst mit dem Slogan „Team-Work live" geworben wird, ist Mobbing eine ernste Angelegenheit, da man sich in diesem Beruf voll und ganz auf seinen „Partner" verlassen können muss und diesem nahezu blind vertrauen sollte.

Inhalt und Definition

In dieser Seminararbeit werde ich zu Anfang darstellen, worum es sich bei dem Thema Mobbing überhaupt handelt. Zu der Entstehung und den Ursachen sowie zu Präventionsmöglichkeiten werde ich mich ebenfalls äußern.

Des Weiteren werden Maßnahmen gegen Mobbing angesprochen und auf den Polizei Beruf übertragen, sodass vermittelt werden soll, welche Maßnahmen besonders sinnvoll sind.

Ziel

Das Ziel der Seminararbeit ist es meinen Mitstudierenden das Thema „Mobbing am Arbeitsplatz insbesondere bei der Polizei-Wie wird gemobbt und welche Maßnahmen werden seitens der Polizei gegen Mobbing getroffen." nahe zu bringen. Gleichzeitig möchte ich sie für das Thema Mobbing sensibilisieren und die Wichtigkeit des Umgangs mit diesem Thema erläutern. Denn Mobbing tritt heutzutage häufiger auf als man denkt und grade im Beruf des Polizisten wo Jeder für Jeden da sein sollte ist der Umgang mit diesem Thema umso wichtiger.

2. Allgemeines

2.1 Definition

Das Wort Mobbing ist dem englischen Verb „to mob" entnommen und ist mit den Wörtern „über jemanden herfallen, anpöbeln, angreifen, bedrängen" zu übersetzen[2]. Es beschreibt den psychischen Terror, unteranderem am Arbeitsplatz, bei dem die Zielsetzung, den Betroffenen psychisch zu schaden, festgelegt ist. Hierbei wird allerdings auf das physische Einwirken auf das Opfer verzichtet. Typische Handlungen sind vor allem das Verbreiten von Gerüchten, Zuweisung sinnloser Arbeitsaufgaben, soziale Isolation und ständige Kritik.

Schon im Mittelalter wurde das Wort Mobbing bei der Jagd benutzt, wo es so viel bedeutete wie: ein Opfer zu Tode hetzen. Dieses Bild veranschaulicht wie sich das Mobbingopfer fühlt: Angsterfüllt, in die Ecke gedrängt und kaum mehr in der Lage ein normales Leben zu führen.

Seine Bedeutung erhielt der Begriff allerdings erst durch Heinz Leymann, einem schwedischen Arbeitspsychologen, der das Wort Mobbing als „negative kommunikative Handlungen, die gegen eine Person gerichtet sind und die sehr oft und über einen längeren Zeitraum hinaus vorkommen und damit die Beziehung zwischen Täter und Opfer kennzeichnen"[3] erstmals definierte.

Eine allgemein anerkannte Definition gibt es jedoch nicht. Es werden jedoch folgende Gesichtspunkte immer wieder betont:

Verhaltensmuster

Mobbing bezieht sich auf ein Verhaltensmuster und nicht auf eine einzelne Handlung. Die Handlungsweisen sind systematisch, das heißt sie wiederholen sich beständig. [4]

---

2 *Vgl. Esser, A & Wolmerath, M.* (2001): Mobbing. Der Ratgeber für Betroffene und ihre Interessenvertteilung. S.20.
3 *Leymann, H.* (1993): Mobbing. Psychoterror am Arbeitsplatz und wie man sich dagegen schützen kann. S.21.
4 http://www.coaching-lexikon.de/Mobbing.

Negative Handlungen

Mobbingverhalten kann verbal (zum Beispiel Beschimpfung), nonverbal (zum Beispiel Vorenthalten von Informationen) oder physisch (zum Beispiel Verprügeln) sein. Solche Handlungen gelten üblicherweise als feindselig, aggressiv, destruktiv und unethisch. [5]

Ungleiche Machtverhältnisse

Die Beteiligten haben unterschiedliche Einflussmöglichkeiten auf die jeweilige Situation. Jemand ist jemand anderem unter- beziehungsweise überlegen. Dazu ist kein Rangunterschied nötig, das kann durch die bloße Anzahl bedingt sein: viele gegen einen. [6]

Opfer

Im Handlungsverlauf kristallisiert sich ein Opfer heraus. Aufgrund der ungleichen Machtverteilung hat es Schwierigkeiten, sich zu verteidigen."[7]

Speziell der Begriff Mobbing am Arbeitsplatz bezeichnet inhaltlich *„eine konfliktbelastete Kommunikation und Interaktion unter Kollegen oder zwischen Vorgesetzten und Untergebenen, bei der die angegriffene Person unterlegen ist und von einer oder mehreren Personen systematisch und während längerer Zeit mit dem Ziel und/oder Effekt des Ausstoßens, direkt oder indirekt angegriffen wird."*[8]

2.2   Ursachen

Die Ursachen des Mobbings sind äußerst vielfältig und höchst individuell, in der Regel aber abhängig „von den Personen, der Situation und den organisationalen Strukturen am Arbeitsplatz"[9]

Neben diesen Faktoren spielt der Leistungsdruck in der heutigen Gesellschaft ebenfalls eine wesentliche Rolle und somit steigt die Wahrscheinlichkeit, dass gemobbt wird, um ein Vielfaches.

---

[5] Vgl. http://www.coaching-lexikon.de/Mobbing.
[6] Vgl. http://www.coaching-lexikon.de/Mobbing.
[7] Vgl. http://www.coaching-lexikon.de/Mobbing.
[8] *Wagner-Haase*, Mobbing-Auch ein Führungsproblem. Schikane und Angst am Arbeitsplatz S.584.
9 *Eiselen, T. und Nowosad, M.* (1998). Mobbing. S.304.

Eine Verallgemeinerung der Ursachen kann nicht geschehen, da es kein typisches Mobbingopfer gibt.

Es gibt lediglich Personenmerkmale die auf eine Anfälligkeit für Mobbing hinweisen, wie z.B Auffälligkeiten und Andersartigkeiten im Verhalten, sei es durch religiöse Orientierung oder von seinem Vorgesetzten gegenüber den anderen Arbeitskollegen bevorzugt wird. Des Weiteren sind Ursachen für Mobbing auch auf einen längeren Zeitraum zurückzuführen, sei es durch immer wieder ungerechte Arbeitsverteilung oder längst vergangene, unbereinigte Konflikte.

Dabei stehen oftmals neue und erfolgreiche Mitarbeiter im Vordergrund der Mobbinghandlungen, entweder aus Neidgefühlen und Frustrationen oder einfach darum, damit diese nicht aus den Hierarchieverhältnis des Betriebes heraustanzen. Allgemein kann man sagen, dass in der Ursache ein Kommunikationsproblem zwischen den Beteiligten vorhanden sein muss und darauf aufgebaut weitere Faktoren wie Neid oder Missgunst, wie oben bereits genannt, das Mobbing fördern und verstärken.[10]

2.3 Mobbing bei der Polizei

Gerade zu diesem Thema findet sich hinsichtlich Literatur nur wenig bis gar kein Material, dass Thema Mobbing ist grade im Polizeiberuf ein besonderes Tabu-Thema.

Doch feststeht das Mobbing überall und in jeder Schicht der Gesellschaft auftaucht und grade in Berufen, in denen eine derartige hierarchische Struktur herrscht, sind Mitarbeiter besonders von Mobbing betroffen wie zahlreiche Beispiele, sei es bei der Polizei oder der Bundeswehr, in den letzten Jahren zeigen.

„Die Arbeit bei der Polizei kann belastend sein – die ständige Konfrontation mit Toten und Verletzten, die angespannte Personalsituation, die Einsatzlage. Die Gewerkschaft der Polizei spricht seit Monaten von einer gestiegenen Arbeitsverdichtung. Viele Mitarbeiter des Landeskriminalamts in Tempelhof etwa müssten derzeit rund 50 Stunden die Woche arbeiten. Der „Verschleiß" führe zu einem hohen Krankenstand von bis zu elf Prozent der Kollegen. Der Landeschef der Deutschen Polizeigewerkschaft, Bodo Pfalzgraf, sagte dem Tagesspiegel: „Der Job

---

[10]Vgl. Mobbing pdf.

ist extrem belastend und familienfeindlich." Einige Beamte hätten mehr als 200 Überstunden angesammelt,"[11]

Doch grade in einem Beruf, wie dem eines Polizeibeamten, ist vor allem der Zusammenhalt der Gruppe eines der wichtigsten Gegebenheiten, denn man ist nicht nur Arbeitskollege, sondern steht der Person mit der man seinen Dienst versieht häufig näher als der eigenen Familie, jedenfalls zeitlich gesehen.

Doch weiterhin ist Mobbing immer noch ein Tabu-Thema bei der Polizei und viele Sachverhalte zum Thema Mobbing kommen erst an die Öffentlichkeit wenn es zu spät ist, wenn ein Polizist Suizid begannen hat.

Ein weiteres Beispiel für Mobbing bei der Polizei ist Jürgen Lanuschny, ein ehemaliger Polizeibeamter in Karlsruhe. Er war 36 Jahre lang bei der Polizei Karlsruhe tätig, etwa 20 Jahre davon bei der Kriminalpolizei.

Auf seiner Internetseite („www.juergen-lanuschny.de") äußert er seine Mobbing Erfahrungen.

Er liebte und lebte seinen Job, und wurde, schon bevor er überhaupt wusste was Mobbing überhaupt ist, gemobbt. Er dachte lediglich zu diesem Zeitpunkt, dass Auseinandersetzungen mit seinem Vorgesetzten normal seien und sah auch darin kein Grund, bei Beförderungen meist benachteiligt zu werden.[12]

Doch durch den erleichterten Einstieg, in den 90er Jahren, in den Polizeiberuf begann eine Zweiklassengesellschaft, wobei die älteren Beamten nicht nur eine kompetente Anlaufstelle für die jüngeren waren sondern in vielerlei Hinsicht auch Konkurrenten in Sachen Beförderung. [13]

Zu dieser Zeit wurde Jürgen Lanuschny immer mehr mit Aufgaben betraut, welche nicht seinem bisherigen Aufgabenbereich gerecht wurden. Die neuen jungen Kollegen haben ihm durch die Systemumstellung den Rang abgelaufen.

Jürgen Lanuschny begann des Weiteren immer mehr zu trinken, konnte weder schlafen noch sich an seinem Job erfreuen. Er spielte mehrfach mit dem Gedanken sich umzubringen, lediglich seine Familie hielt ihn von seinem Vorhaben ab. Aufgrund dieser

---

[11] http://www.tagesspiegel.de/berlin/polizei-justiz/wedding-raetsel-um-tote-polizisten/1680096.html.
[12] Vgl. http://www.juergen-lanuschny.de/page9.php.
[13] Vgl. http://www.juergen-lanuschny.de/page9.php.

Tatsachen ließ sich Jürgen Lanuschny im November 2005 krankschreiben, erschien jedoch Anfang 2006 wieder zum Dienst, hinsichtlich der Angedrohten Frühpensionierung seitens des Vorgesetzten.[14]

In den folgenden Monaten gingen die Demütigungen weiter, er wurde ausgegrenzt, nicht über dienstliche Angelegenheiten informiert sowie größtenteils komplett ignoriert bis er schließlich im Januar 2007 aufgab und sich langfristig krankschreiben lies.

Während dieser Zeit und auch in Gesprächen mit seinen Vorgesetzten, so Lanuschny, wurde nie ein Wort über Mobbing oder dergleichen verloren, auch wurden ihm keine Möglichkeiten zur Verbesserung der Situation aufgezeigt.

3. Verlauf von Mobbing

Anhand dieser Erfahrung, die Jürgen Lanuschny auf seiner Internetseite schildert lässt sich ein konkreter Verlauf des Mobbings erkennen, den auch Heinz Leymann, ein Diplompsychologe und Pionier auf dem Gebiet der Mobbingforschung, in seinem Buch „Mobbing am Arbeitsplatz" beschreibt.

Der Verlauf gliedert sich in 4 Phasen, beginnend mit den alltäglichen Konflikten bis hin zum völligen Ausschluss.

Phase 1: Konflikte und einzelne Vorfälle:

Wie überall gibt es auch am Arbeitsplatz Konflikte zwischen zwei oder mehreren Personen, da diese normale menschliche Lebensäußerungen sind.[15]

Das entscheidende ist jedoch wie mit einem Konflikt umgegangen wird.

Einerseits entstehen an jedem Arbeitsplatz immer wieder Konflikte, Meinungsverschiedenheiten, Streitigkeiten um Einfluss und Macht, sowie Ungerechtigkeiten und die Suche nach Sündenböcken. Andererseits sind Konflikte auch aus verschiedenen Gründen

---

[14] Vgl. http://www.juergen-lanuschny.de/page9.php.
[15] Vgl. *Leymann, H.* (2009): Mobbing. Psychoterror am Arbeitsplatz und wie man sich dagegen schützen kann. S.60.

notwendig. Denn ohne konstruktive Konflikte und Meinungsverschiedenheiten wären wesentliche Veränderungen kaum möglich.

Zudem ist es nur ein geringer Teil der Konflikte die sich zu Mobbing und Psychoterror entwickeln.

Phase 2: Mobbing wird alltäglich:

Die zweite Phase beschreibt das alltäglich werden des Mobbings. Das heißt, dass jemand wenigstens einmal die Woche während mindestens eines halben Jahres von einer oder mehreren feindseligen Handlungen betroffen ist.[16]

Hierbei tritt die Sachauseinandersetzung in den Hintergrund und der Konflikt wird personifiziert. Dabei wird die Machtposition als bedrohlich angesehen und die Verunsicherung nimmt drastisch zu. Des Weiteren wird ein erheblicher Teil der Arbeitszeit zur Konfliktaustragung genutzt und es sind Stresssymptome bei dem Betroffenen ersichtlich.[17]

In dieser Phase gerät das Mobbingopfer in eine immer schlechter werdende psychische Verfassung, es gerät immer mehr in ein Verteidigungsverhalten.[18]

Die Beobachtungen seitens der Mobbingforschung lenken das Augenmerk auf den Vorgesetzten. Kein Fall ist bekannt, wo der Vorgesetzte den Mobbingfall schon wesentlich früher in den Griff bekommen hätte können. Daher kann man behaupten, dass ein Konflikt zu Mobbing werden kann, eben weil sich niemand darum kümmert, sodass dieses Beispiel vom „Sich-nicht-darum-Kümmern" zu dem wichtigsten Grund für die Entstehung von Mobbing herausstellt.[19]

---

[16] Vgl. Leymann, H. (2009): Mobbing. Psychoterror am Arbeitsplatz und wie man sich dagegen schützen kann. S.60.

[17] Litzcke, Schuh, Pletke , S.106.

[18] Vgl. Leymann, H. (2009): Mobbing. Psychoterror am Arbeitsplatz und wie man sich dagegen schützen kann. S.61.

[19] Vgl. Leymann, H. (2009): Mobbing. Psychoterror am Arbeitsplatz und wie man sich dagegen schützen kann. S.61.

Phase 3: Eskalation:

In dieser Phase haben sich die Konfliktparteien zu Tätern und Opfern verfestigt, niemand will mehr mit der gemobbte Person zusammenarbeiten, sie wird weder respektiert noch akzeptiert und fällt, durch ihr zunehmend unsicheres Verhalten, negativ aus. Sodass ihr schlechtes Befinden, welches durch das Mobbing hervorgerufen wurde, oftmals zur Rechtfertigung fortschreitender Ausgrenzungen führt.[20]

Des Weiteren muss in dieser Phase die Organisation formal reagieren, da immer weiter Arbeitsabläufe, bedingt durch das Mobbing, gestört werden. Oftmals ist es dann jedoch zu spät, da das Opfer derweil schon psychisch angeschlagen ist und ein auffälliges Verteidigungsverhalten zeigt. Durch das offiziell werden des Falls sieht sich das Opfer weiteren Konfrontationen gegenüber die das Problem eigentlich lösen sollen, wie z.B. Versetzungen, oftmals verschlimmert sich jedoch die Situation durch schlechte Personalbehandlung seitens des Vorgesetzten.[21]

Nachfolgende Beispiele dafür hat Heinz Leymann in seinem Buch „Mobbing am Arbeitsplatz" erörtert.

-Verläuft der Streit zwischen Menschen in verschiedenen hierarchischen Positionen, dann wird gewöhnlich derjenige zum Sündenbock, der am weitesten unten steht.

-_Maßnahmen können wie ein Blitz aus heiterem Himmel kommen- nachdem schon alles in Ordnung schien._

-_Oft fassen Vorgesetzte Entschlüsse aus reinem Prestigedanken._

-_Dem Betroffenen wird Hoffnung auf eine Lösung gemacht, jedoch werden meist die Maßnahmen vergessen oder auf die lange Bank geschoben._

-_Nur eine Person, in dem Falle das Opfer, wird als Sündenbock in Augenschein genommen._[22]

---

[20] _Vgl. Litzcke, Schuh, Pletke , S.108._
[21] _Vgl. Leymann, H. (2009): Mobbing. Psychoterror am Arbeitsplatz und wie man sich dagegen schützen kann. S.62._

[22] _Leymann, H.(2009): Mobbing. Psychoterror am Arbeitsplatz und wie man sich dagegen schützen kann. S.63._

Phase 4: Der Ausschluss:

Die vierte Phase erläutert den Ausschluss des Opfers, hierzu werden verschiedene Methoden aufgezeigt die letztendlich zu einem Ausschluss führen. Das vorzeitige Ende der Berufslaufbahn kommt zustande, weil man dem Opfer derart zusetzt, weil Vorgesetzte eine so absurde Personalführung an den Tag legen, weil sie so vernichtende Beurteilungen abgeben, dass das Opfer weder an diesem noch an einem anderen Arbeitsplatz Fuß fassen kann.[23] Und dies alles kann lediglich dann geschehen, wenn Gewerkschaften und Betriebsräte wegschauen.

Dem zu folge ergeben sich für das Opfer eine Reihe von Endstationen:

Abschieben / Kaltstellen:

Das Abschieben ist eines der am häufigsten verwendeten Mittel im Bereich der Mobbinghandlungen. Dabei wird das Opfer permanent ausgegrenzt und muss seine Arbeitszeit größtenteils allein verbringen, des Weiteren bekommen die anderen Kollegen Anweisungen sich von dem Mobbingopfer fern zu halten.[24]

Weiterhin wird das Opfer größtenteils nur mit minderschweren Aufgaben beauftragt, sodass er sich kaum noch von der Arbeit gefordert sieht und somit über Tage, Monate, wenn nicht sogar Jahre tagtäglich weiter Gedanken um seine Position innerhalb des Betriebes macht und sich letztendlich die Gedankenabläufe, in Bezug auf Mobbing, derart verfestigen.

Krankschreibungen:

Innerhalb der Mobbingphase handelt es sich oftmals um Krankschreibungen von wenigen Tagen, in denen der Betroffene versucht akute Stresszustände abzubauen. Gehen die Mobbinghandlung jedoch bis zu Rechtsbrüchen werden oftmals dauerhafte Krankmeldungen von Monaten bis zu Jahren verzeichnet.[25]

---

[23] Vgl. *Leymann, H.*(2009): Mobbing. Psychoterror am Arbeitsplatz und wie man sich dagegen schützen kann. S.65.

[24] Vgl. *Leymann, H.*(2009): Mobbing. Psychoterror am Arbeitsplatz und wie man sich dagegen schützen kann. S.65.

[25] Vgl. *Leymann, H.*(2009): Mobbing. Psychoterror am Arbeitsplatz und wie man sich dagegen schützen kann. S.65.

Abfindung oder Frührente:

Die Abfindung oder Frührente ist eine der beliebtesten Möglichkeiten akute Konflikte zu beenden, ohne dass man wirklich eine erstrebenswerte Lösung herbeiführt.[26] Diese Maßnahme verschleiert zudem die Zustände innerhalb des Betriebes und lässt keinen Einblick innerhalb des Betriebes und des Betriebsklimas von außen zu.

3.1 Allgemeine Arten von Mobbing

Wie bereits erwähnt entwickelt sich nur ein Bruchteil aller Konflikte zu Mobbing. Zudem handelt es sich erst um Mobbing wenn sich über einen längeren Zeitraum, also mindestens einmal die Woche über einen Zeitraum von mindestens einem halben Jahr, feindselige Handlungen gegen eine bestimmte Person richten.

Allgemeine Mobbinghandlungen hat der Mobbingforscher Heinz Leymann aus 300 geführten Interviews ausgearbeitet und zusammen getragen.

Bei den 45 Handlungen handelt es sich um Angriffe auf die Möglichkeit sich mitzuteilen, auf die sozialen Bindungen, auf die Gesundheit, auf die Berufs- und Lebenssituation, sowie Auswirkung auf das soziale Ansehen.

Begutachtet man nun diese Liste wird schnell deutlich, dass jeder schon mal von irgendeinem Angriff betroffen war, sei es durch Anschreien und lautes Schimpfen, oder durch abwertende Blicke seitens Kollegen oder Vorgesetzten.

Jeder hat bereits Erfahrungen in diesen Bereichen gesammelt, die Frage ist nur wie häufig und wie oft, sodass man nicht bei jeder Erfahrung von Mobbinghandlungen sprechen kann.

---

[26] Vgl. *Leymann, H.*(2009): Mobbing. Psychoterror am Arbeitsplatz und wie man sich dagegen schützen kann. S.65.

3.2   Welche Arten sind für die Polizei relevant?

Bei den 45 Arten der Mobbinghandlung sind insbesondere die von Bedeutung die das Thema „Bossing" beinhalten.

Bossing ist eine spezielle Form des Mobbings, bei dem ebenfalls Psychoterror am Arbeitsplatz ausgeübt wird. Oft wird das Opfer vor dem Team öffentlich lächerlich gemacht es wird der oder dem Betroffenen Arbeit gegeben, die nicht bewältigt werden kann, dem Team wird signalisiert, dass die Person wörtlich „zum Abschuss frei gegeben worden ist", der Vorgesetzte entzieht der Person Privilegien, schikaniert, demütigt, unterstellt Fehler, drangsaliert oder stichelt.[27] Bossing kommt vor allem in Unternehmen mit strikten hierarchischen Strukturen vor und die Polizei spiegelt genau diese Gegebenheit wieder.

Denn neben den persönlichen Ursachen, wie mangelnde soziale Kompetenz der Beteiligten, konnten im Rahmen von Untersuchungen bestimmte betriebliche Strukturen identifiziert werden. [28]

In Folge der inneren Verbundenheit und Verschworenheit besteht besonders bei polizeilichen Berufsgruppen eine erhöhtes Risiko, dass das, für diesen Beruf notwendige, Gemeinschaftsgefühl sich zu einer Art negatives Elitebewusstsein entwickelt, wo jeder besser sein möchte als der andere.

Durch diese nahezu familiäre Verbundenheit, vor allem innerhalb der Dienstgruppe, und das immense Vertrauen in die eigenen Kollegen, welches in diesem Beruf unverzichtbar ist, bilden sich immense Schutz- und Unterstützungspflichten.[29]

Sollte nun infolge von Konflikten und Auseinandersetzungen einer der Beamten diesen gruppenspezifischen Eigenschaften bzw. der Pflicht zur Solidarität zuwiderhandeln kann dieser leicht ins Fadenkreuz der Kollegen geraten und somit auf seiner Dienstgruppe gezielten Attacken und Schikanen ausgesetzt sein. Somit spielen neben dem Bossing auch Gruppendynamische Prozesse eine übergeordnete Rolle, indem sich mehrere Kollegen gemeinsam gegen einen vermeintliches Opfer „verbünden".

---

[27] Vgl. http://lexikon.stangl.eu/750/bossing/.
[28] Vgl. Senuysal, Larissa, S.135.
[29] Vgl. Senuysal, Larissa, S.135.

Neben den betrieblichen bedingten Strukturen, durch die Mobbinghandlungen vermehrt auftreten können, begünstigen bürokratische und hierarchische Organisationsstrukturen Mobbing-Prozesse.

Durch unzureichende Informationspolitik, fehlender Transparenz von Entscheidungsvorgängen, sowie durch gestörten Kommunikationsfluss in bürokratischen Systemen, wie das der Polizei, entstehen leicht Missverständnisse und Fehlinformationen.[30] Des Weitern führt der innerbetriebliche Leistungsdruck gepaart mit hohen Arbeitsaufkommen und Zeitdruck oftmals zu ungesunden Erfolgsdruck, psychischen Stress und einen schlechten Betriebsklima was sich folglich zu internen „Kämpfen" zwischen den Kollegen entwickeln kann und somit Kontrahenten-Denken, Machtspiele und Mobbing fördert und provoziert.[31]

Die Bedeutung des organisationalen Faktors in Bezug auf Mobbing wird auch durch empirische Befunde gestützt. So gaben innerhalb einer schriftlichen Befragung 65% der Befragten an, dass zum Zeitpunkt des Mobbings allgemein schlechtes Arbeitsklima herrschte, sowie gaben 55% an, dass Stress und Hektik am Arbeitsplatz vorhanden waren. 46,4% berichteten zudem, dass es in ihrem Betrieb starre Hierarchien gegeben hätte.[32] Diese Umfrage verdeutlicht den Zusammenhang zwischen den organisationalen Strukturen innerhalb der Polizei und den damit verbundenen Mobbinghandlungen. Innerhalb der Umfrage gaben zudem 60% an das eine Gesprächsbereitschaft mit Mobbingopfern seitens des Vorgesetzten nicht vorhanden gewesen sei, weiter 42% bestätigten ein konfliktscheues Verhalten des Vorgesetzten.[33] Wie bereits erwähnt steht die Rolle des Vorgesetzten in Bezug auf Mobbing mit an erster Stelle. Sei es dadurch, dass der Vorgesetzte keinerlei Gesprächsbereitschaft zeigt, oder sich dem Thema in keiner Weise annimmt, oder das Problem auf „die lange Bank" schiebt. Denn viele Mobbinghandlungen könnten im Anfang bzw. zu Beginn unterbunden werden, vorausgesetzt der Vorgesetzte nimmt sich dieser an und arbeitet mit den Beteiligten gemeinsam an einer Lösung.

Somit sind besonders, auf die Polizei bezogen, Mobbinghandlungen seitens des Vorgesetzten ein Thema. Mobbinghandlungen unter den Kollegen gäbe es zwar auch dennoch

---

[30] Vgl. Senuysal, Larissa, S.136.
[31] Vgl. Senuysal, Larissa, S.136.
[32] Vgl. Meschkutat (2005), S.124.
[33] Vgl. Meschkutat (2005), S.124.

ist der Vorgesetzte meist mit involviert, da er sich oftmals diesem Thema nicht annimmt und somit einen wesentlichen Teil dazu beiträgt, dass Mobbing überhaupt erst möglich gemacht wird und aus alltäglichen Konflikten und Auseinandersetzungen dauerhaftes systematisches Mobbing entsteht.

Jedoch wird seitens der Politik und der der Polizeiführung immer wieder geleugnet, dass innerhalb der Polizei systematisch terrorisiert und schikaniert würde und bekannte Fälle oftmals, unter Leugnung eines eventuellen Organisationsversagens, zu bedauernswerten Einzelfällen heruntergespielt werden.[34]

Ein Beispiel dazu findet sich bei der Hessischen Polizei. Nachdem in der Presse und im Fernsehen zum Thema „Mobbing in der Polizei" von 133 Verfahren und bis zu 6 Suspendierungen bei einer Personalmenge von 18.000 Beamten die Rede war, meldeten sich hunderte Beamte bei der Linkspartei, welche zuvor den Vorwurf des systematischen Mobbings geäußert hatte, und berichteten ebenfalls von Mobbinghandlungen auf ihrer Dienststelle.[35]

Dies lasse an der oft vermittelten „Einzelfall-Theorie" starke Zweifel aufkommen, sodass man davon ausgehen kann, dass die Dunkelziffer der Mobbingbetroffenen und der Mobbinghandlungen deutliche höher ist als die veröffentliche Zahlen es anmuten lassen.

4.   Maßnahmen gegen Mobbing

Maßnahmen gegen Mobbing gibt es zahlreiche. Nachfolgend werden die allgemeinen Maßnahmen zur Prävention und Gegenmaßnahmen angesprochen und dargestellt. Des Weiteren werden diese allgemeinen Maßnahmen auf die Polizei übertragen und herausgearbeitet welche hier besonders erfolgsversprechend und geeignet sind.

4.1   Allgemeine Maßnahmen

Um gezielte Präventivmaßnahmen gegen Mobbing zu treffen ist es in erster Linie ausschlaggebend die Ursachen die zu einer Mobbinghandlung führen ausfindig zu machen und diese zu beseitigen, jedoch gleichzeitig die Bedingungen, durch welche Mobbing

---

[34] Vgl. Senuysal, Larissa, S.137.
[35] Vgl. Schuster, Frank in Fr-online, 04.03.2010.

entstanden ist, zu verändern um weitere Mobbinghandlungen präventiv entgegenwirken zu können.

Mobbing-Prävention kann jedoch nicht dazu dienen, soziale Konflikte völlig zu unterbinden bzw. zu vermeiden. Wollte man Konflikte gänzlich entgegenwirken würde man die unterschiedlichen Persönlichkeiten der Mitarbeiter verleugnen und ihnen nicht die Möglichkeit geben sich frei, ihrer eigenen Meinung nach, zu äußern. Des Weiteren wurde bereits erwähnt, dass nur durch Konflikte und Meinungsverschiedenheiten auch Impulse zu Veränderung innerhalb des Betriebes gegeben sind.[36]

Demnach ist nur möglich präventiv gegen Mobbing vorzugehen wenn die Ursachen und Probleme ermittelt werden.

Der Betroffene selbst kann jedoch kaum noch etwas tun, wenn der Mobbingprozess bereits begonnen hat. Abstellen lässt sich Mobbing daher nur, wenn eine dritte Person oder Instanz sich dem Thema annimmt und lediglich nur dann, wenn man wirklich an einer Lösung interessiert ist. Will man nun die Maßnahmen gegen Mobbing herausarbeiten ist es notwendig, sich das bereits erwähnte 4 Phasenmodel nach Leymann vor Augen zu führen.

Es ist notwendig, den anfänglichen Konflikt, aus dem das Mobbing entstehen kann, mit der darauffolgenden Stigmatisierung, den Rechtsproblemen, die entstehen, wenn Arbeitgeber oder die Gewerkschaft die Angelegenheit falsch in die Hand nimmt, was dann früher oder später zum Ausschluss aus dem Arbeitsleben führen kann, in Erinnerung zu rufen.[37]

Je nachdem in welchem Teil des Prozesses sich der Betroffene befindet, müssen dementsprechend verschiedene Mittel bzw. Maßnahmen getroffen werden.

Um in erster Linie herauszufinden ob Mobbing innerhalb eines Betriebes oder einer Organisation vorhanden ist oder Anzeichen vorhanden sind, dass sich Mobbinghandlungen ereignen und Mobbingprozesse im Gange sind, gibt es verschiedene Möglichkeiten, wie Anzeichen für schlechtes Betriebsklima oder „Stimmungs-Checks" innerhalb des Betriebs.

---

[36] Vgl. Schild/Heeren, S. 115.
[37] Vgl. Leymann,H.. (2009): Mobbing. Psychoterror am Arbeitsplatz und wie man sich dagegen schützen kann. S.149.

Gestörtes Betriebsklima verursacht mitunter soziale Konflikte und Mobbing am Arbeitsplatz, denn wer generell unzufrieden ist mit dem was er tut oder zu tun hat, der wirkt auch auf seine Umwelt oftmals gestresst und ist demnach häufiger für Mobbinghandlungen, egal ob Opfer oder Täter, anfällig.

Resch gibt in diesem Zusammenhang eine Vielzahl von Anzeichen an, die auf eine schlechte Arbeitsatmosphäre hinweisen und somit ein Einschreiten seitens des Vorgesetzten notwendig macht. [38]

Anzeichen sind wie folgt:

-häufige Beschwerden einzelner Mitarbeiter,

-Nachlassen gemeinsamer sozialer Aktivitäten (wie Geburtstagsfeiern, Betriebsausflüge, etc.) ,

-Nichtbenutzung von Pausenräumen und somit dem Umgehen Kontakt zu Arbeitskollegen

-Nach-Außen-Tragen von Problemen zwischen Personen oder innerhalb der Abteilung, sowie Hochkochen von Gerüchten, über einzelne Personen, ohne diese direkt anzusprechen.[39]

Des Weiteren wäre auch ein Stimmungscheck, erstellt von Huber, eine Möglichkeit einen Einblick in das Betriebsklima zu bekommen. Der Stimmungscheck inklusive Bewertungsbogen wird im Anhang zu finden sein.

Somit lässt sich feststellen, dass allgemeine Maßnahmen gegen Mobbingprozesse innerhalb des Betriebes erst dann zu einer Lösung bzw. Beseitigung des Problems führen, wenn man die Ursachen genauer betrachtet und bereits im Anfangsstadium versucht Mobbinghandlungen zu unterbinden und gegen die Täter vorzugehen, sowie den Opfern eine Möglichkeit geben sich zu äußern und ihrem Problem offen begegnen zu können.

---

[38] Vgl. Resch, 1997, S.27.
[39] Vgl. Schild, Heeren, 2003, S.116.

4.2   Präventive Maßnahmen

Neben der Begegnung mit dem Problem Mobbing, wenn es bereits ausgebrochen ist, gibt es zahlreiche Präventivmaßnahmen um Mobbing schon vor der Entstehung entgegenwirken zu können.

Vor allem Mobbingattacken, die aus Konflikten entstehen, sind oftmals Erscheinungen, die schnell und unbemerkt in Gang kommen und sich daraufhin festfahren wenn nicht direkt gegen die Mobbingattacken vorgegangen wird.[40]Gegen solch eine Entwicklung der Lage, kann im Vorfeld in Form von Aufklärung entgegengewirkt werden, sodass Gruppendiskussionen oder Seminartage einen Anfang für weitreichende Veränderungsprozesse darstellen können.

Neben dem Thema Aufklärung spielt auch ein zweiter Bereich in der Mobbingprävention eine notwendige Rolle. Opfer wissen oft nicht wie sie mit dem Problem umgehen können und haben meist keine Möglichkeit jemanden anzuvertrauen, sodass sie kaum auf Hilfe von außen hoffen können.

Deshalb ist es von größter Wichtigkeit, die kommunikative Infrastruktur des Betriebes gezielt aufzubauen, sowie formelle Wege zu installieren, mit deren Hilfe Mobbingzustände aufgegriffen werden und sich eine außenstehende Person der Sache annimmt.[41] Der Betroffene hat somit einen Ansprechpartner, eine Vertrauensperson, innerhalb des Betriebes und ist mit seinem „Problem" nicht mehr auf sich alleine gestellt.

Durch die Berücksichtigung dieser beiden Punkte, der Aufklärung und der Einrichtung von formellen Wegen und kommunikativer Infrastruktur, bietet sich die Chance das Arbeitsklima im Betrieb nachhaltig zu verbessern und somit auch Mobbinghandlungen im Vorfeld entgegenwirken zu können.

---

[40] Vgl. Leymann, H. . (2009): Mobbing. Psychoterror am Arbeitsplatz und wie man sich dagegen schützen kann.S.151.
[41] Vgl. Leymann.H. . (2009): Mobbing. Psychoterror am Arbeitsplatz und wie man sich dagegen schützen kann. S.151.

4.3 Spezialfall Polizei

Gerade die Polizei als Organisation, welche starke hierarchische Strukturen aufweist und Mobbing besonders in derartigen Strukturen gefördert wird, stark im Fokus der Öffentlichkeit steht, wird das Thema Mobbing zu einem Tabu-Thema.

An die Öffentlichkeit gelangt es meist nur durch tragische Vorfälle und selbst dann ist es mehr oder weniger nur kurz, bis der Vorfall aufgeklärt wurde, präsent.

Dennoch gibt es auch für eine Organisation wie der Polizei Maßnahmen die der Prävention dienen. Eigentlich kann man die allgemeinen präventiven Maßnahmen auf die Polizei übertragen, denn der Grund warum Konflikte und Auseinandersetzungen entstehen sind meist die gleichen. An erster Stelle stehen nach wie vor das Ermitteln der Ursache, sowie deren Entgegenwirken und das Lernen aus Fehlern im Umgang mit den Opfern und den Tätern.

In Folge wird nun lediglich die Rolle des Führungsstils als primäre Präventionsmaßnahme genannt, würde man auf andere primäre Maßnahmen eingehen, wie Reformen bei der Polizeiausbildung, Stress- und Mobbingbewältigungstrainings innerhalb der Polizei und Kontrollen innerhalb der Organisation, würde es den Rahmen der Seminararbeit sprengen.

Ein Hauptaugenmerk liegt hierbei in der Struktur der Polizei, die vorhandene Hierarchie und den damit verbundenen Führungsstil. Bereit zu Anfang der Seminararbeit wurde das Verhalten des Vorgesetzten in Bezug auf Mobbingvorfälle erläutert und dargestellt, dass dieser eigentlich immer gegen die Mobbinghandlung vorgehen kann, jedoch nur, wenn er sich der Sache annimmt und nachgeht und diese nicht im Sande verlaufen lässt. Gerade dieses „Nicht hinsehen" lässt Konflikte und Auseinandersetzungen zu Mobbing entwickeln.

Daher sind als Präventive Maßnahmen besonders Schulungen und Seminare im Bereich der Polizeiführung zu nennen. Hierzu wären spezielle Führungskräftefeedbacks alle ein bis zwei Jahre sinnvoll, in denen den Führungskräften die Wirkung ihres Verhaltens auf den Beamten aufgezeigt und bei Gelegenheit korrigiert. Dabei soll von einem veralteten autoritären Führungsstil, der sich durch militärische Strukturen, beschränkte Handlungsspielräume und fehlende Mitwirkungsmöglichkeiten der Mitarbeiter auszeichnet zu einem kooperativen Führungsstil gewechselt werden. Dieser kooperative Führungsstil zielt auf die Umfassende Information und Einbindung der Mitarbeiter, die Aufge-schlossenheit gegenüber ihren Fähigkeiten und Bedürfnissen, sowie die größtmögliche Delegation der Gestaltungsspielräume und Verantwortung. [42]

Dabei sollen die Mitarbeiter, durch offenere Kommunikation, in Entscheidungsprozesse eingebunden werden, die organisatorischen Strukturen durschauen können, sowie gene-rell mehr Wertschätzung von ihren Vorgesetzten erhalten.

Generell wird seit 1980 dieser kooperative Führungsstil an der Polizeiführungsakademie gelehrt, doch trotz dieses langen Zeitraums vollzieht sich die Umsetzung des kooperati-ven Führungsstils in der Praxis nur zögerlich. Des Weiteren obliegt die praktische Um-setzung den jeweiligen Führungskräften und hängt immer noch stark von den bürokrati-schen und hierarchischen polizeilichen Organisationsstrukturen, welche durch Regel-werke, Zuständigkeiten und Abläufe praktisch jegliche Form von Kooperation verhin-dern bzw. einschränken, ab. [43]

Weitere Maßnahmen die zur Prävention sinnvoll erscheinen, wären einfach durchge-führte Befragungen der Mitarbeiter, um die soziale Distanz zwischen Vorgesetzten und Beamten zu verringern und so die Motivation der Beamten und der Identifikation mit der Organisation zu fördern und das Betriebsklima positiv zu verbessern.

Mitarbeitergespräche sind im Bereich der Prävention ebenfalls eine denkbare gute Mög-lichkeit der Problematik vorzubeugen. Dabei bezeichnet ein Mitarbeitergespräch im organisationspsychologischen Zusammenhang nicht die allgemeine Kommunikation zwischen dem Vorgesetzten und dem Beamten, sondern die Form des Gesprächs, wel-ches insbesondere auf Informationsaustausch, Motivation, sowie Unterstützung bei Konfliktlösung und Rückmeldung bezüglich der erbrachten Leistung absieht und dem zu Folge dem Beamten auch gegebenenfalls Möglichkeiten zur Qualifizierung und Fort- bzw. Weiterbildung eröffnet. [44]

---

[42] Senuysal, Larissa, S.241.
[43] Senuysal, Larissa, S.241.
[44] Senuysal, Larissa, S.243.

5.   Fazit

Zusammenfassend kann man sagen, dass das Thema Mobbing ein allgemein gesell-schaftliches Problem ist und somit auch in der Polizei vorhanden ist. Die Ursachen und Gründe, wieso es zu Mobbinghandlungen kommt, sind komplex und wurden hinrei-chend dargestellt. Des Weiteren wird daraus ersichtliche, dass sich Mobbing erst aus normalen Konflikten entwickelt, wenn sich niemand der Sache annimmt.

Dabei ist Mobbing im Anfangsstadium lediglich ein Konflikt, der nicht beiseite geräumt oder geklärt wird. Konflikte hingegen kann man nicht entgegenwirken, da jegliche Art von Konflikten auch Meinungsäußerungen und somit Impulse für eine Veränderung innerhalb des Betriebes bzw. in diesem Fall der Organisation Polizei mit sich führen.

Präventiv kann man der Problematik lediglich durch Aufklärung, also dem frühen Er-kennen des Problems, und durch Lernen aus begangenen Fehlern mit dem Umgang Mobbing in Bezug auf die Täter und Opfer entgegenwirken.

Dabei sind auch für den Spezialfall der Polizei allgemeine präventive Maßnahmen ge-gen Mobbing sinnvoll, dabei ist das grundlegende Ziel jeglicher Maßnahmen die Schaf-fung eines positiven Arbeitsklimas und die vorbeugende Bekämpfung von Stress und Unstimmigkeiten innerhalb der Belegschaft.

Die Vorgesetzten haben dabei die Aufgabe sich dauerhaft mit dieser Problematik ausei-nander zu setzten, denn nur sie können im Endeffekt dafür sorgen, dass Mobbing sich erst gar nicht aus alltäglichen Konflikten entwickeln kann und gleichzeitig müssen sie, im Umgang mit fortgeschrittenen Mobbinghandlungen, Konsequenzen für Mobbing-Täter sowie Hilfe für Mobbing-Opfer herausarbeiten und verwirklichen.

Quellenverzeichnis

Unbekannt   http://lexikon.stangl.eu/750/bossing/.

Lanuschny, Jürgen   Mobbing im Allgemeinen und bei der Poli-
                                       zei im Besonderen, 01.07.2010
                                       http://www.juergen-
                                       lanuschny.de/page9.php.

.Unbekannt   Rätsel um tote Polizisten,
                                       http://www.tagesspiegel.de/berlin/polizei-
                                       justiz/wedding-raetsel-um-tote-
                                       polizisten/1680096.html

Unbekannt   http://www.coaching-lexikon.de/Mobbing

Selbsthilfegruppe „Kiss"   „ „Hilf Dir selbst" ,Septemberausgabe 2010

Dr. Savelsberg, Hans   Mobbing, Managementlehre FhöV NRW,
                                       Mobbing pdf

Literaturverzeichnis:

Leymann, Heinz	Mobbing-Psychoterror am Arbeitsplatz und wie man sich dagegen wehren kann, 14.Auflage, Hamburg, April 2009
Schild, Ihno *Heeren, Andreas*	Mobbing-Konflikteskalation am Arbeitsplatz. Möglichkeiten der Prävention und Intervention, 3. Erweiterte Auflage, München 2003
Senuysal, Larissa	Individuelle und strukturelle Belastungen im Polizeidienst und ihre Auswirkungen auf die Erfüllung polizeilicher Aufgaben, Band 15,Bochum, 2011
Litzcke, Sven *Schuh, Horst*	Stress, Mobbing und Burn-out am Arbeitsplatz, 6. Vollständig überarbeitete Auflage, Heidelberg,
Pletke, Matthias *Resch, Martin*	Mobbing und Konflikte am Arbeitsplatz. Band 3, 1997
Meschkutat, Bärbel	Der Mobbing-Report, Repräsentative Studie für die Bundesrepublik Deutschland 6.Auflage, Dortmund 2005
Wagner-Haase, Monika	„Mobbing-Auch ein Führungsproblem. Schikane und Angst am Arbeitsplatz", 1997
Esser, Axel *Wolmerath, Martin*	Mobbing. Der Ratgeber für Betroffene und ihre Interessenverteilung, 2001
Eiselen, Tanja *Nowosad, Martin*	Mobbing, 1998